Jazbaaton Ki Zubaan

A Collection of Love Poems

Sailee Brahme

BookLeaf Publishing
India | USA | UK

Made with ❤ on the BookLeaf Publishing Platform
www.bookleafpub.in
www.bookleafpub.com

Dedication

To Esha,
The light of my life!

There exist so many different forms of Love.
Thank you for introducing me to one more!

Preface

LOVE
-probably the most widely presented emotion in the world!

Millions of stories, paintings and films depict love.

But the ability to be universal yet personal at the same time, is what makes Love so special.

It is so colossal in its scope that even when every poet writes about it, everyone writes something unique.

This poetry collection explores Love in its myriad forms and the way it becomes Art.

Acknowledgements

I would like to sincerely thank every person that has in any way contributed to creating a poet out of me.

Be it my great-grandmother's genes that ensure the poetic legacy in my family is preserved over four generations now, or the numerous people that have given me the love, support, skills and freedom to express myself in any way I want; I am grateful for it all!

Art cannot exist in isolation. An audience creates an artist.
So, most of all, I am thankful to all those who read or listen to my poetry and keep motivating me to create something worth picking up.

Thank you

Acknowledgements

Philocalist- "Lover of Beauty"

Har lekhak har kavi ko
Khoobsoorti se pyaar hai
Apni har nazm mein
Is pyaar ka karta woh izhaar hai

Phir woh mohabbat
Chaahe kisi insaan se ho
Ya kudrat ke karishmon se
Har ek nazaara
Uske lafzon ki bahaar hai

Kisiki muskaan kisiki zulfein
Koi dhalta sooraj ya garajti baarishein
Woh har lamhe ko
Dil ke taaron se jod leta hai
Lafzon ko
Hawaaon ki tarah mod leta hai

Piro leta hai woh jazbaaton ko shaayari mein
Motiyon ki tarah
Apni kashish ki payal
Aur kalpnaaon ka haar bana leta hai

Friendship

Khoon ke rishton ko sabze jyaada maan milta hai
Lagaav ho na ho
Ooncha sthaan milta hai

Par rishtedaari toh dost behtar nibhaate hain
Kisiko apnaa banaakar kaise rakhein
Yeh yaar sikhaate hain

Naseehat hai meri sab ke liye
Achchhe dost hona
Bahot zaroori hai
Mil jaye toh bichhadna mat
Unke bina zindagi adhoori hai

Jo aur khaas banaate hain har khaas din ko
Aur mushkilon mein toh hamesha saath dete hain
Jab haara hua aur mayoos lage
Toh "hum hain na" yeh kehte hain

Khushnaseeb hoon main bahot
Ki mujhe aise yaar mile
Ungliyon pe gin saku itne hi honge
Par aankdon se nahi mujhe koi gile

Sau farebi doston ki jagah
Bas dus sachhe kaafi hain
Kabhi kabhi door hote hain bahot
Par yaad karte hain, haal poochte hain
Aur kya baaki hai

Jeevan mein yehi toh chaahte hain hum
Ki koi humraaz ho
Jise man ki baat bataa sako
Joh naseehat de toh tumhaare bhale ke liye
Usme uska fayda bhale hi naa ho

Khushi mein gham mein
Hum ek doosre ka saath dete hain
Phaaslon pe ho
Tab bhi jude rehte hain

Agar hain tumhaare paas aise dost
Toh shukriyaa kehna unhe
Joh tolmol kar rishte nahi nibhaate
Aur ek behtar insaan banaate hain tumhe

Perfectly Imperfect

Main jaanti hoon
Nahi hai chaandi jaisa rang mera
Na sone jaise baal
Haan chehre par chaand se daag zaroor hain
Aur baalon ka toh hai bura haal

Par maanti hoon
Ki koi toh hoga
Jise sone chaandi ki chamak se jyaada
Hogi mitti ki khushboo pyaari
Raah dekhti hoon ki
Kabhi toh ayegi
Meri saadgi ki bhi baari

Jab koi mujh par bhi likhega
Kavita sher ghazal
Rang aur baaalon par na sahi
Ankhon ki jhurriyon par toh jayega phisal

Koi toh hoga
Jise meri hasee se jyaada
Mujhe hasaana pasand hoga
Mere liye nahi
Mere saath
Ek khoobsoorat
Afsaana bannaa pasand hoga

Blessed

Khushnaseeb ho tum
Agar tumpar mar mitnewaala shaqs
Koi hai tumhe mila
Agar aankhon mein kisike
Tumhaare liye intezaar hai
Aur hothon par
Duaaon ka silaa

Khushnaseeb ho tum
Agar koi tumhari awaaj sunne ko tarasta hai
Tum udaas ho agar
Toh uspar bhi tanhaai ka baadal barasta hai

Agar bina kahe bhi
Woh kuch baatein samajh leta hai
Kabhi mashwaraa toh kabhi bas
Aansuon ke liye kandhaa deta hai

Badi baatein kabhi kabhi bhool jaata hai
Par chhoti cheezon ka dhyaan rakhta hai
Toh mohabbat uski paak hai
Agar bina takraar tumse kiye waadon ka
Woh maan rakhta hai

Tumhe fursat mein yaad nahi karta
Tumhe yaad karne ke liye waqt nikaalta hai
Tumhaara gussa
Tumhaare nakhre
Sab sambhaalta hai

Joh maafi kam maange
Shukriyaa jyaada kare
Jise garv ho tumhare saath hone ka
Joh tumhe khone se dare

Ameer ho tum, amar ho tum
Agar mila hai tumhe koi aisa dildaar
Agar diya hai apna dil tumne
Aur mila hai zindagi mein tumhe
Ek aisa pyaar

Love Maketh an Artist

Har nazm joh likhi jaa sakti thi
Likhi jaa chuki hai
Har tasveer joh banaayi jaa sakti thi
Banaayi jaa chuki hai
Ab nayaa kya banaaye nazraane mein aapke
Har kalaa joh mohabbat ki misaal kehlaaye
Aapko pesh ki jaa chuki hai

Thi toh yeh
Ek naacheez behunar
Naam bhi apna joh bhool chuki hai
Par moorat, imaarat, sher ho ya ghazal
Aapke ishq mein
Yeh fankaara ban chuki hai

Messengers of Love

Tu rooth jaati hai
Toh main thodi hawaa bhej deta hoon
Tumhaare jhumke ko chhookar
Woh meri baat tumhaare kaanon mein keh jaati hai

Tu barso milti nahi hai
Toh main thodi baarish bhej deta hoon
Boondein tumhaare gaalon ko sehlaakar
Humaari doori mita deti hain

Yeh toh achchha hai
Ki kudrat mere ishaaron par chalti hai
Varna baaki duniya toh
Meri mohabbat se jalti hai

Beauty Lies in the Eyes of the Beholder

Aankhon ko meri woh taare kehte hain
Jhukti palkon ko woh ishaare kehte hain
Muskuraahat ko meri kehte hain woh khilte hue suraj si
Angdaaiyon ko meri woh nazaare kehte hain

Na jaane khoobsurat main hoon ya unka nazariyaa
Joh meri itni ibaadat karte hain
Kya in taareefon ke laayak hoon main
Ya mohabbat woh mujhse kuch jyaada karte hain

Eclipse

Woh baadal kitna tarsaa hoga
Bebas hokar phir barsaa hoga
Mitti se mile hue
Ho gaya ek arsaa hoga

Chand bhi kitna sharmaaya hoga
Suraj ne na jaane kya farmaaya hoga
Tab jaakar dharti ne
Dono ko grahan mein milvaaya hoga

Kali ne bhavre ke liye khilna chaaha hoga
Nadi ne saagar mein ghulna chaaha hoga
Aisi hi ek mohabbat ke liye
Parvaane ne shammaa mein jalnaa chaahaa hoga

A Mother's Love

Tum kehti thi naa
Jab tumhaari beti hogi tab samjhogi

Main samajh gayi Maa
Meri tum roz raah kyun takti thi
Der hone par kyun jagti thi
Kyun pareshaan rehti thi meri sehat ke liye
Khaana khilaane ki zid kyun karti thi

Main samajh gayi Maa
Apni aulaad nazron se door ho
Toh dil kaise dhadaktaa hai
Use kabhi daantna pad jaye
Toh man kaise tadaptaa hai
Kayin mushkil faisle lene padte hain
Kisi cheez ki ijaazat dene ya na dene mein
Dimaag kitnaa jhagadta hai

Kaise samjhaun use main
Ki bharosa uspar hai mujhe
Duniya par nahi
Kaise bataaun use ki
Maasoom woh hai zamaana nahi

Kaise mehfooz rakhun use main
Har dhokhe har ghaav se
Kya karun jab door jaanaa chaahegi
Woh meri chhaanv se

Main samajh gayi Maa
Sirf use kaabil banaana kaafi nahi hai
Mujhe bhi dil par patthar rakhna hoga
Kabhi kabhi uski saheli na hokar
Sirf maa bannaa hoga
Thaamnaa hoga haath uska
Par akele bhi chalnaa sikhaana hoga
Bheed ke saath nahi
Apni raah kaise chune
Yeh dikhaana hoga

Main samajh gayi Maa
Tumhe kitni thes pohonchi hogi
Mere chubhte lafzon se
Kitni baar meri shikaayat ki hogi
Tumne bhi apni maa se
Unhone bhi tab tumhe yehi kaha hoga
Ki tumhaara aaj
Tumhaari beti ka kal hoga

Main samajh gayi Maa
Kyun beti ke liye
Lab par hamesha dua hoti hai
Kyun bidaai ke samay
Har maa roti hai
Apni bacchi ke liye woh
Kitne sapne sanjoti hai
Kaise ek din haathon mein rehti
Nanhi si jaan
Ankhon ke saamne
Ek pal mein badi hoti hai

(Not) A Gold Digger

Nahi chaahiye mujhe koi heere motiyon waala haar
Bas ek phool baalon mein kisi din sajaa dena
Mohabbat ki nishaani maangu kabhi
Toh mere liye do sher likh dena

Mehenge gehne gaadiyaan ghar
Nahi dete mujhe khushi woh
Joh zamaana tumhe dikhaata hai
Nahi bhaate har aurat ko

Daulat, shohrat se pyaar
Karti hongi kuch yahaan
Santusht ho joh ishq mein tumhare
Zikr na karna unka wahaan

Aurat kya chaahti hai
Yeh samajhna mushkil hai
Kaha hoga sabne tumse
Par sab ki baatein bhula kar
Pooch kyun nahi lete kabhi unse

Sona chaandi zewar
Yeh toh sajte hain gale se jyada almaari mein
Iske badle kya kharaabi hai
Kisi khaas din ki tayyaari mein

Keemti pal bante hain tumhaare saath se
Tumhe yaad rehti meri har chhoti baat se
Tumhaare mohabbat ka izhaar hi meri daulat hai
Dikhao aur kya keemti pesh karoge
Tumhe zindagi bhar ki mohlat hai

Mat kharchna apne aap ko
Mera pyaar tumhaari ameeri ka mohtaaj nahi
Mard khareedne lag jaate hain aurat ki chaahat
Par ishq mera bikau nahi

A Man's Love

Main mard hoon
Yeh kehkar oonchaa darjaa dilaa diya
Ghar ne mohalle ne mujhe hamesha
Sir par bithaa liya

Main shreshth hoon balwaan hoon
Yeh samjhaa diya
Kuch naa karoon toh bhi mahaan hoon
Dimaag mein yeh ahankaar bhar diya

Ghar mein haath bataun
Toh kehlaun joru ka ghulam
Lekin use dabaakar rakhun
Toh milta mujhe salaam

Maarna peetna toh bachpan se hi sikhaa diya
Poore parivaar par mera hi adhikaar
Yeh dikhaa diya

Lekin ab main apne liye sochne lagaa hoon
Kya sahi kya galat yeh thoda thoda jaanne laga hoon

Aaj tumse kehna chaahta hoon
Ki main mard hoon
Par tumhare dil ka dard nahi banunga
Sanskriti aur paramparaa ke naam par
Tumhaara shoshan nahi karunga

Jitni mujhe milti ho
Usse jyaada izzat tumhe doonga
Gusse ko aadat banaakar
Tumpar haath nahi uthaunga

Tumhaara nazariyaa bhi har baar dekhunga
Har chhote bade faisle mein
Tumhari raay bhi sunoonga

Qurbaani hamesha aurat hi de
Yeh reet badlunga
Duniya toh nahi badal sakta
Par apne ghar se shuruaat karunga

Tumhaare saath hote
Har jurm ke khilaaf awaaz uthaaunga
Mere saath tumhe mehfooz lage
Aisa sansaar banaaunga

Apne sapnon ko poora karte karte
Tumhaare sapnon ko peechhe nahi chhodunga
Baraabari ka mauka mile tumhe
Aisa mahaul banaaunga

Tumhari jeet par
Sabze zor se taaliyaan main bajaaunga
Logon ke khilaaf kabhi jaana pade
Toh bhi tumhaare saath khadaa rahunga

Mujhe dard ho toh batlaaunga
Mardaangi ki aad mein
Use nahi chhupaaunga
Apni asaphaltaa ka kaaran
Tumhe kabhi nahi maanoonga

Mard ghar chalaaye
Par sirf aurat ghar ko sajaaye
Is paramparaa pe sawaal uthaaunga
Rasoi, bacche, buzurg
Inki dekhbaal mein bhi
Apni bhoomika nibhaaunga

Tumhaare rehen sehen, aadaton par
Nigraani nahi rakhunga
Pehnaave par tumhaare
Sawaal nahi uthaaunga

Tum joh ho jaisi ho
Tumhaari pasand naapasand ke saath tumhe apnaaunga
Mujh jaisi tum bhi ek aazaad insaan ho
Yeh hamesha yaad rakhunga

Log kuch bhi kahe
Tumpar vishwas main jyaada karunga
Tum mein koi kami ho
Toh use poora main karunga

Rishte mein jhooth bolkar
Tumhaara apmaan nahi karunga
Chhupaunga nahi kuch, dagaa nahi dunga
Inkaar ka bhi haq hai tumhe
Main badlaa nahi loonga

Waadaa karta hoon aaj tumse
Mujhse door rehne ki wajah nahi doonga
Main mard hoon
Tumhaara hamdard bankar hi rahunga

Star Crossed Lovers

Meri mohabbat paak thi
Woh meri Geeta aur Quran thi
Par isi dharm ki siyaasat ne
Humaare rishte ko nazar lagaayi thi

Usne duaa mein haath uthaana seekh liya
Maine pooja ke mantar
Par Khuda ne nahi dekha kabhi
Uski mohabbat aur mere ishq mein antar

Ghar gali mohallaa
Jab bane pyaar ke dushman
Na dagmagaayi uski aasthaa
Na hui meri shiddat kam

Thaam liya ek doosre ka daaman ek din
Aur basaane nikle apni duniyaa kahin door
Par nafrat ne dhoond hi liya hume
Karke rishton ko majboor

Qatl karke sar-e-aam mohabbat ka
Woh misaal qaayam karnaa chaahte the
Par ek hi rang ka lahoo bahaakar
Hum khud prem ki misaal ban gaye the

Man Divides, Nature Unites

Dil mil gaye par faasle badh gaye
Mitti ek thi par mulk batt gaye

Ghar parivaar mohalla
Sab ne hume judaa kar diya
Kabhi naa milne ka
Waada humne kar liya

Bas kudrat ne saath rakhaa hume
Suraj chaand khizaa baarish
Dono par khiltaa dono par barastaa
Alag karne ki naa ki kabhi saazish

Ab chaand ko hi dekhkar
Unka deedaar kar lete hain
Saawan mein bheegkar
Unko chhoo lete hain

Tez dhoop mein
Unke zulfon ki chhaaon dhoondte hain
Sardiyon ki aag mein
Hum bhi jalte hain

Ishq sacchaa ho
Toh qaaynaat jodkar rakhti hai
Ek hi samundar ki lehrein bhi
Dono ke paanv chhooti hain

Work of Art

Shaayraa kehti hai woh khud ko
Na jaane shaayri kis kism ki karti hai
Apne lafzon se jyaada
Numaaish woh jism ki karti hai

Uske gore rang aur neeli aankhon pe marnewaale
Kayin aashiq paal rakhe hain usne
Humsa ek na dhoond saki
Uske naam tak ko ghazal bataaya jisne

Betrayal

Aankhon ko khol ke dekha
Dilon ko tol ke dekha
Kitni jaldi haath chhod doge jaannaa tha
Isliye hume mohabbat nahi tumse
Yeh bhi jhoot bolke dekha

Par is jhoot ko maan liya turant tumne
Na kiya aitraaz na hue bekaraar
Itni besabri thi hume dagaa dene ki
Ya kar rahaa tha tumhaara koi aur intezaar

Jao nahi chaahiye hume chaar din ka ishq
Dil lagaanewale yahaan aur bhi hain
Par humaare baad zaraa dhyaan se chunnaa
Tum jaise bewafaa yahaan aur bhi hain

Unfaithful

Jaan-e-wafaa kehte the woh hume
Par wafaa karna bhool gaye
Laapataa hue mohabbat ke waade saare
Ishq ke na jaane kahaan saare usool gaye

Zindagi ki manzil maante the woh hume
Par beech raah chhod gaye
Hume raaz banaakar
Woh khule aam gairon se naataa jod gaye

Istemaal karke begaana banaaya hoga kisine
Tabhi aaj lautkar hamaare dar par aaye hain
Kya bataaye unhe ki unke intezaar mein
Hum kitno ke dil todkar aaye hain

(Un) Happy Ending

Woh bujhi bujhi si rehti hai
Aankhon mein aksar nami hoti hai
Arsaa ho gaya use haste hue dekhe
Arsaa ho gaya use khilte hue dekhe

Apni muskuraahat na jaane kahaan chhod aayi hai woh
Apne sapne na jaane kahaan tod aayi hai woh
Arsaa ho gaya use sajte hue dekhe
Arsaa ho gaya use nikharte hue dekhe

Ab baatein bhi woh naap tolkar karti hai
Chupchaap kayin lambi aahein bharti hai
Arsaa ho gaya use sharaarat karte hue dekhe
Arsaa ho gaya use mohabbat karte hue dekhe

Aisa kya dard dil mein samaaye baithi hogi woh
Aise kitne aansoon palkon mein chhipaaye rakhti hogi woh
Arsaa ho gaya use takraar karte hue dekhe
Arsaa ho gaya use inkaar karte hue dekhe

Sabki maan leti hai woh ab bina kuch poochhe
Har peher duaa maang leti hai woh ab bina kuch soche
Arsaa ho gaya use apne liye kuch karte hue dekhe
Arsaa ho gaya use jeete hue dekhe

Sochta hoon kabhi usse karun yeh sawaal
Par jawaab ka shaayad main hakdaar nahi
Joh dar maine khud band kar diya tha
Wahaan ab mera koi dildaar nahi

Finding Solace in Words

Door kar diya khud ko
Par goonjti rahi kaanon mein uski hasi har peher
Rooh judaa na ho saki kabhi
Beshak peechhe chhod diya ho woh sheher

Khona toh tha kitaabon mein
Par hum kisi ki aankhon mein gum ho gaye
Mushkil se khat likh paate the
Par chand dinon mein
Hum Ghalib ho gaye

Turning Pain into Art

Dil tootne ka ehsaas na
Jataaya nahi jaata
Dard kahaan ho raha hai
Yeh dikhaaya nahi jaata
Tukde toh ho jaate hain bas ek din
Par chubhte kitne saal hai
Yeh bataaya nahi jaata

Kuch zakhm bharte nahi
Aur gehre ho jate hain
Aaine mein roj dikhnewale bhi
Anjaan chehre ho jate hain
Phir us dard pe kahaaniyaan, geet, shaayari likhi jaati hai
Par apne gham ke saamne
Doosron ki taaliyaan bhi pheeki pad jaati hain

Likhne lage hum
Apne dard ko hi peshaa bana liyaa
Kuch aur karne ke laayak nahi rahe the
Afsos bas is baat ka hai
Ki apni hi kahaani ke
Ab hum naayak nahi rahe the

Month of Love

Akhbaar khula toh pataa chalaa
Mahina mohabbat ka aaya hai
Haal-e-dil bayaan karne ka
Sabne phir ek mauka paayaa hai

Gulaab ke rangon mein bhi
Ab oonch neech hone lagi
Laal apni mehengaai pe guroor karne laga
Peele aur safed ki mehek kam hone lagi

Dil lene dene ka kaam
Ab gubbaaron se muqammal hota hai
Daawat aur taufon ka
Jazbaaton se badaa mol hota hai

Farvari ki gulaabi sardi mein
Ishq ka kaarobaar badhne lagaa
Vyaapaari ameer
Aur aashiq gareeb hone lagaa

Kise samjhaayein ki rupyon mein tolkar
Rishte atoot nahi bante
Pyaar toh azeez aur ashart hai
Warna uske amar kisse nahi bante

Destruction

Bas hum hi kyun jale
Kaho jalte tum bhi ho
Hawaa mehek humaari laati hai
Toh kaho bikharte tum bhi ho

Aahat par kisi ki kya
Theherte tum bhi ho
Dabi huin saanson mein
Kaho sulagte tum bhi ho

Ishq karke shaayar bane
Ya shaayari ke liye ishq karte ho
Mehboob ki muskuraahat pe
Kaho phisalte tum bhi ho

Duniya se bekhauf
Kya nazrein milaate ho
Ya chaahat koi dekh na le
Isliye palke jhukaakar guzarte ho

Nashe mein hi rehte hain hum ab
Waqt kyun dekhte ho
Bina jaam uthaaye
Kaho behekte tum bhi ho

Hum hi kyun tadpe
Kaho tadapte tum bhi ho
Faasle mitaane ki koshish mein
Kaho hum par baraste tum bhi ho

Beete hue kal mein
Kya atakte tum bhi ho
Puraani galiyon mein
Kaho bhatakte tum bhi ho

Sar-e-aam pehchaan bataate nahi hum
Kya chhupaate tum bhi ho
Dilbar ka naam hothon par laane mein
Kaho jhijhakte tum bhi ho

www.ingramcontent.com/pod-product-compliance
Lightning Source LLC
Chambersburg PA
CBHW070651240926
51846CB00003BA/878
* 9 7 8 9 3 7 2 1 3 8 9 3 1 *